Stephan Wunderlich

Mut zur Erziehung

Wie können wir unseren Kindern auf praktische Weise ein wirkliches Wertgefühl vermitteln ?

Vortrag vom 8.4.2014 in Donaueschingen

Vorwort

Liebe Leser,

was bedeutet eigentlich *„Erziehung"*? Und was meinen wir damit, wenn wir heute Erziehung vermissen?

Als Lehrerin führe ich viele Gespräche mit Eltern und Kollegen und ich bemerke, dass wir auf dem Gebiet der Erziehung die allergrößten Nöte haben. Lehrer bemängeln, dass schon die elementare Erziehung zu Hause zu wenig stattfindet, und die Eltern leiden darunter, dass die Lehrer vielfach mit den Klassen nicht mehr zurechtkommen und gerne die Verantwortung wieder an die Eltern abgeben, ohne deren Unterstützung die Kinder oft gar nicht mehr im Unterricht mitkommen. Und die Kinder leiden unter dem Leistungsdruck und dem Lärmpegel in den Schulklassen. Wohl alle sehnen sich nach freien und gute Verhältnissen im Zueinander.

Wenn wir von Erziehung sprechen, dann denken wir vor allem daran, mehr Regeln aufzustellen und Grenzen zu setzen. Aber treffen diese Maßnahmen wirklich das Gebiet der Erziehung? Können sie den Menschen wirklich berühren? Wir ahnen vielleicht, dass die Erziehung viel mehr bedeutet und sogar auf innigliche Weise mit unseren eigenen ehrlichen Bemühungen um Entwicklung und Selbsterziehung zusammenhängt.

So können Sie sich auf diesen sehr lebendigen, mit vielen Beispielen und Bildern gestalteten Vortrag freuen. Es handelt sich um eine Mitschrift, die nur an einigen Stellen etwas redigiert wurde. Stephan Wunderlich, den ich als erfahrenen Pädagogen schätzen gelernt habe, stellt darin keine fertigen Konzepte auf, sondern regt auf anschauliche Weise den eigenen Gedankengang an, sodass der Erzieher wieder besser seine Stellung finden kann.

Yvonne Pauli

Mut zur Erziehung

Vortrag vom 8. April 2014 in Donaueschingen

Ich möchte Sie ganz herzlich begrüßen. Bevor wir beginnen, würde es mich interessieren, wer eigentlich die Älteste oder der Älteste hier in der Runde ist? 57 Jahre. Und wer wird der Jüngste sein? 14 Jahre. Das ist schon eine relativ große Spannweite. Pädagogik scheint etwas zu sein, was uns in jedem Alter interessiert. Wenn man 14 Jahre alt ist, erlebt man die Erziehung natürlich noch mehr von der Schulbank aus, während man mit 57 Jahren die Pädagogik mehr aus einem Blickwinkel erlebt, der uns auf die Erziehungszeiten zurückblicken lässt. Es ist aber doch ein Thema, das uns alle von verschiedenen Blickwinkeln interessiert und heute hier zusammenführt. Ich bedanke mich bei Ihnen, Herrn Awe, für die freundliche Einladung zu dem Vortrag und möchte zu dem Thema „Mut zur Erziehung" sprechen.

Ich glaube, man kann sagen, dass wir unsere Kinder lieben und dass wir bereit sind, alles für sie zu tun. Wir wollen für unsere Kinder nur das Beste, die beste Erziehung, die beste Bildung, die beste Kleidung, die beste Ernährung. Und es ist gar nicht so selten, dass wir unser ganzes Leben auf die Kinder ausrichten, z.B. was es zu essen gibt, was wir in unserer Freizeit machen oder wohin wir in den Urlaub fahren. Und wenn unsere Kinder einen Wunsch äußern, dauert es in der Regel nicht lange, bis dieser Wunsch erfüllt wird. Spätestens beim nächsten Besuch bei den Großeltern gehen in der Regel die Wünsche der Kinder in Erfüllung. Auf diesem materiellen Gebiet haben die Kinder heute viel weniger Mangel als es vielleicht zu früheren Zeiten der Fall war. Was sie aber auf diese Weise noch nicht erhalten, ist eine wirkliche Erziehung.

Was bedeutet eigentlich eine Erziehung? Was kann sie leisten? Und was kann sie nicht leisten? Was wäre ein geeignetes Ziel für die Erziehung? All diese Fragen beruhen doch auf gewissen Unsicherheiten. Sie sind nicht mehr so selbstverständlich, wie es vielleicht noch zu den Zeiten unserer Eltern und Großeltern der Fall war. Es mag auch so sein, dass wir die Frage, wie wir die Erziehung gestalten, was wir mit unseren Kindern machen und welche Werte wir unserer Pädagogik zugrunde legen, heute vielmehr selbst beantworten müssen. Früher war die Erziehung mehr oder weniger noch durch die Tradition oder durch die gesamte Gesellschaftsstruktur vorgegeben. Heute müssen wir selbstständig das Wissen und auch die Weisheit zu unserer Erziehung erringen, wir müssen sie viel mehr selbst vertreten, damit wir die nötige Autorität gewinnen. Deshalb benötigen wir Mut zur Erziehung.

Solange wir das Gefühl haben, dass wir unseren Kindern nur etwas bieten müssen oder es ihnen recht machen wollen, können wir sie nicht erziehen. Wir tun uns deshalb oft leichter mit Nachbarskindern. Bei ihnen sehen wir meist mehr, was nötig wäre, als bei den eigenen Kindern, weil wir bei den eigenen Kindern mehr in einem Bindungsverhältnis stehen. Nicht selten wollen wir den eigenen Kindern möglichst viel bieten und suchen sogar ihre Anerkennung und Zustimmung. Der Erzieher aber muss zu einem gewissen Grade frei sein von Erwartungen, damit er die Kinder erziehen kann. Er darf nicht unter den Kindern stehen. Wenn der Lehrer oder Erzieher sich zu sehr der Führung oder den Erwartungen der Kinder unterordnet, kann er sie nicht mehr erziehen. Er darf auch nicht unter einer anderen Autorität stehen, beispielsweise unter den Eltern oder Großeltern. Selbst für Lehrer ist es eine ganz wichtige Frage, inwieweit er sich in seiner Führungs- und Gestaltungskraft eine Freiheit einräumen kann. Damit der Lehrer seine Pädagogik frei gestalten kann, darf er nicht unter einer Autorität stehen, er darf nicht unter seinem Chef stehen, aber auch nicht unter den Kindern oder unter der Klasse. Damit er erzieherisch und gestaltend tätig werden kann, muss er sich auf dem Gebiet der Pädagogik diesen Freiraum einräumen. Wir sollten nicht von fremden und vor allem nicht von irrationalen Autoritäten bestimmt werden. Wir können feststellen, dass größere Schwierigkeiten in der Erziehung immer dann entstehen, wenn sich dieser Punkt in einer Schieflage befindet.

Auf der anderen Seite ist es natürlich auch so, dass wir den Kindern nicht jeden Freiraum gewähren können. Denn wenn die Kinder beispielsweise drei Stunden vor dem Laptop sitzen und noch einmal zwei Stunden vor dem Fernseher, können wir natürlich nicht von einer wirklichen Erziehung sprechen. Die Kinder werden dann mehr oder weniger doch einer raffiniert arbeitenden Medienindustrie überlassen, die mit sehr geschickten und manipulativen Methoden die Führung über die Kinder übernimmt. Natürlich können wir nicht einfach den Fernseher aus dem Zimmer verbannen, wir können auch nicht den Laptop, das Handy oder Smartphone verbieten, da sie heute bereits Teil des Gesellschaftslebens geworden sind. Wir können und wollen uns nicht in die Vergangenheit zurückversetzen, sondern wir wollen auch mit den Dingen umgehen lernen, die uns umgeben. Es ist aber doch so, dass diese Reize, diese vielfältigen Sensationen und übersteigerten Emotionen, die auf diesem Weg die Kinder erreichen, nicht gerade gesund sind. Sie sind nicht sehr leicht in das eigene Leben zu integrieren. Wir brauchen Ansatzpunkte in der Pädagogik, die uns Sinneswahrnehmungen und Empfindungen ermöglichen, welche die Kinder auch in das eigene Leben integrieren können.

Das Bild des Menschen in der Gliederung von Körper, Seele und Geist

Damit wir hier einen guten Ansatzpunkt finden, benötigen wir als Grundlage ein geeignetes Menschenbild. Wir benötigen ein Menschenbild, das sich für die Pädagogik eignet, das zutreffend ist für die Verhältnisse der Kinder wie auch der Erwachsenen und das Entwicklungsmöglichkeiten in sich trägt. Wenn wir Schwierigkeiten in der Erziehung haben oder mit unseren Kindern nicht zurechtkommen, dann können wir davon ausgehen, dass wir noch kein Menschenbild oder zumindest kein ausreichend gegründetes Menschenbild haben.

Für alle pädagogischen Bemühungen ist es sehr sinnvoll, wenn wir einmal die auch für den Yoga typische Gliederung von Körper, Seele und Geist zugrunde legen. Jeder Mensch besitzt einen Körper, jeder Mensch besitzt ein Seelenleben, das sich in Verbindungen und Beziehungen zu anderen ausdrückt, und jeder Mensch besitzt auch geistige Fähigkeiten. Diese Gliederung mag vielleicht für den ersten Eindruck sehr banal erscheinen, wenn wir aber weitere Gedanken daran knüpfen, wird sich zeigen, wie wertvoll diese Unterscheidung für die Pädagogik ist.

Die körperliche Ebene ist relativ klar, denn sie ist direkt sichtbar und wahrnehmbar. Ganz besonders Kinder sind körperlich ständig in der Entwicklung begriffen. Bei dem Erwachsenen ist die körperliche Entwicklung in der Regel abgeschlossen und es ist mehr die seelisch-geistige Entwicklung im Vordergrund. Was zählt aber nun zum Körper? Die Gesundheit, auch das gute Benehmen könnte man zur körperlichen Ebene hinzunehmen. Die Umgangsformen, die wir haben, die Fähigkeiten, die wir entwickelt haben, auch alles das, was man als Schulbildung bezeichnet, könnte man zu dieser rein körperlichen Ebene hinzuzählen, weil man davon ausgehen kann, dass all dieses Wissen und diese Fähigkeiten irgendwann einmal den Menschen wieder verlassen werden. Spätestens mit dem Tod ist das, was man sich an Wissen und Fähigkeiten angeeignet hat, wieder der Vergänglichkeit anheimgestellt. Jedenfalls nach den religiösen Urkunden wie auch nach den Ergebnissen von Geistforschern, wie Heinz Grill oder Rudolf Steiner, sind das, was nach dem Tod zurückbleibt, nicht die Fähigkeiten, die man sich im irdischen Dasein erworben hat, sondern was man mit diesem Wissen oder mit diesen Fähigkeiten für andere geschaffen hat. Es bleiben also die seelischen und geistigen Kapazitäten.

Albert Einstein hat einmal gesagt: Bildung ist dasjenige, was übrig bleibt, wenn man das ganze Schulwissen wieder vergessen hat. Ich glaube nicht, dass Albert Einstein damit das Schulwissen als besonders negativ bewerten wollte, sondern dass er eine Ahnung davon hatte, dass das äußere Wissen nach dem Tode keine Rolle mehr spielt und nur noch das übrig bleibt, was der Mensch sich als seelische und geistige Qualitäten erworben hat, und dass wirkliche Bildung mehr diesen inneren Menschen ausmacht. Es spielt dann keine Rolle, dass man die Hauptstadt von Georgien benennen kann und weiß, wo die Donau entspringt und wo sie ins Meer mündet. Dieses Wissen ist nötig, um sich zu orientieren, um im Leben zurechtzukommen und mit den Verhältnissen umgehen zu können, aber es ist etwas, das keinen bleibenden Wert hat. Bleibende Werte sind dagegen mehr die Verbindungen oder die Beziehungen, die wir im Leben geschaffen haben, auch die Empfindungen oder Gefühle, die wir zu unserer Umgebung, zu unseren Mitmenschen entwickelt haben. Das sind Werte, die auch nach dem Tode noch eine gewisse Rolle spielen, jedenfalls nach den Angaben der religiösen Schriften. Das Seelenleben muss man also mehr der Beziehung, der Begegnung mit anderen Menschen zuordnen und auch den Empfindungen, die wir für den anderen entwickelt haben, durchaus im Sinne der Empathie. Das wirkliche Wahrnehmen, das empfindsame Erleben der Außenwelt können wir vor allen Dingen dem Seelenleben zuordnen.

Schließlich gibt es noch die geistige Dimension. Diese beschreibt die Fähigkeit, die jeder Mensch hat, Gedanken zu denken und mit Hilfe dieser Gedanken die gesamten Lebensverhältnisse neu zu ordnen und neu zu gestalten. Der Mensch ist also nicht nur determiniert von seiner Herkunft, von seiner Abstammung oder Genetik, sondern er ist aufgrund seiner Fähigkeit, Ideen und Ideale zu entwickeln und sie in das Leben hineinzuführen, in der Lage, alle Lebensverhältnisse neu zu ordnen und auf ein höheres Niveau zu heben. Darin besteht die geistige Kapazität des Menschen, die allerdings in der Regel sehr wenig genützt wird. Und wenn sie genutzt wird, dann nur ganz sporadisch und intuitiv, aber sehr selten zielstrebig und bewusst. Ein Mensch, der diese geistige Kapazität ausprägt, Ziele im Leben verfolgt und diese Ziele und Ideen verwirklicht, der wirkt auf andere inspirierend. Es gibt viele Angaben von Geistforschern, die darauf hindeuten, dass Menschen, die schon verstorben sind und viel geleistet haben für andere, sogar nach dem Tod noch inspirierend wirken. Man muss das jetzt nicht glauben, es ist nicht eine Frage des Glaubens oder Nichtglaubens, das dürfte hier nicht so entscheidend sein. Wenn man aber von dem Gedanken ausgeht, dass der Mensch eine geistige Kapazität besitzt, dann ist es jedenfalls interessant, dass er gerade durch seine gedankliche Regsamkeit etwas schaffen kann.

Moralität oder Moralisieren – Den Geist können wir nicht erziehen

Für die Pädagogik ist es wichtig, dass wir im Seelischen und zu einem gewissen Grade auch im Körperlichen ansetzen können, wir können aber ganz schlecht in der geistigen Dimension direkt ansetzen. Wir können sozusagen den Geist nicht erziehen. Das ist die Ebene, die man völlig frei lassen muss. Was ich damit meine, möchte ich im Weiteren noch schildern.

Im Kind arbeiten ständig hohe geistige Kräfte, die eine gewisse Entwicklung hervorbringen. Wenn der Erzieher in diese Ebene eingreift, bringt er fast immer eine Störung hinein. Wir kennen das, wenn wir als Eltern unbedingt etwas willentlich von unseren Kindern haben oder etwas willentlich mit ihnen erreichen wollen. Wenn wir unsere Kinder beispielsweise vor dem Drogenkonsum bewahren wollen, sodass sie gute Menschen werden, dann können wir fast sicher sein, dass unsere Kinder irgendwo im Alkoholismus oder genau dort landen, wovor wir sie eigentlich bewahren wollten. Sie werden unter Umständen genau das Gegenteil von dem machen, was die Eltern unbedingt auf diese Weise hervorbringen wollen. Oder auf einem anderen Gebiet. Wenn wir unbedingt ein Akademikerkind hervorbringen wollen, ein Kind, das dann studiert und an der Universität eine Karriere vollbringt, dann kann es durchaus sein – und das ist nicht selten –, dass wir als Eltern froh sein können, wenn das Kind überhaupt die Hauptschule schafft. Oft erfüllen die Kinder eben gerade nicht die Erwartungen, die die Eltern ihnen gegenüber haben. Da passiert etwas am Kind, das geradezu einen Widerstand aufbaut und unter Umständen genau das Gegenteil von dem herauskommen lässt, was man sich vielleicht ersehnt.

Geistige Werte, wie z. B. Wahrheitsliebe, Dankbarkeit, gewisse Tugenden, also Qualitäten, die geistiger Natur sind, kann der Erzieher nicht direkt erziehen. Wenn er das versuchen würde, käme schließlich kein wirklicher moralischer Wert heraus, sondern es käme etwas heraus, das wir auch kennen, und das ist eine Art Moralisieren. Es ist ganz interessant, wenn man diese Begriffe einmal auf sich wirken lässt: Es gibt wirklich moralische Werte, eine Moralität, die einen tatsächlichen Wert darstellt, und es gibt so etwas wie Moralisieren. Es ist fast das gleiche Wort, nur ganz leicht von der Nuance her etwas anders. Moralisieren ist etwas anderes als die wirkliche Moralität, die der Erzieher darstellt.

Wenn wir z. B. dem Kind einen geistigen Wert vermitteln wollen und sagen, „du musst dankbar sein“, dann kann das ein Kind nicht machen. Das geht nicht. Dankbarkeit können wir dem Kind nicht direkt beibringen. Es wird dann nur eine Abwehr schaffen. Wir können aber schon sagen: „Wenn die

Oma Dir etwas schenkt, dann musst Du Dich bedanken. Ruf an und zeig' Dich erkenntlich, bedanke dich." Es ist aber eben nicht eine wirkliche Dankbarkeit, sondern lediglich ein gutes Benehmen. Ein gutes Benehmen soll damit natürlich nicht gering geschätzt werden, ganz im Gegenteil, es befindet sich aber auf einer anderen Ebene, als die Dankbarkeit selbst. Das Empfinden einer wirklichen Dankbarkeit kann nicht auf diese Weise entstehen. Auch andere moralische Werte können so nicht entstehen. Wenn Sie einmal nachsinnen, wann Sie das letzte Mal das Gefühl einer tiefen seelischen Dankbarkeit erlebt haben, dann werden Sie feststellen, dass es wahrscheinlich gar nicht so häufig vorkommt, ganz durchdrungen zu sein von dem Gefühl der Dankbarkeit. Man erfährt etwas und ist erfüllt von Gefühlen der Dankbarkeit. Wahrscheinlich kennt es jeder, vor allem wenn man sich an die eigene Kindheit zurückerinnert, aber das Gefühl ist mit Sicherheit nicht entstanden, weil die Mama oder der Papa gesagt haben: „Sei dankbar! Schau mal, die Mama oder der Papa haben so viel für Dich getan, sie haben gearbeitet, sie haben das Haus geputzt, das Essen gekocht, sie haben den ganzen Tag geschuftet und jetzt musst Du auch einmal dankbar sein." So etwas geht nicht, weil man auf dieser moralisierenden Ebene eigentlich nichts anderes schafft, als eine Abwehr. Und Gott sei Dank entsteht eine gesunde Abwehr. Wenn das Kind keine Abwehr zeigt, so kommt trotzdem eine Störung in das Seelenleben hinein, vielleicht in Form von Schuldgefühlen. Dankbarkeit entsteht also beispielsweise eher, wenn man eine gewisse Zeit eine größere Entbehrung, eine Not erlebt hat, oder wenn man eine Krankheit durchlebt hat und schließlich wieder Kräfte zufließen. Oder wenn man auf einen Berg hinaufgegangen ist und, wie man so sagt, richtig geschwitzt hat, längere Zeit einmal Mühe aufwenden und sich überwinden musste, und oben am Gipfel angekommen eine kleine Brotzeit auspackt, einen Apfel isst, dann ist es eher so, dass man ein Gefühl der Dankbarkeit erlebt, aber nicht weil jemand sagt, „Du musst dankbar sein". Das gibt es eigentlich so gut wie nicht.

Der Sinn für ein geistiges Kräftewirken am Kind

Damit aber diese sogenannte geistige Ebene in Ruhe gelassen werden kann, ist es wichtig, dass wir als Erzieher auch einen Sinn dafür entwickeln, wie geistige Kräfte am Kind arbeiten. Es arbeiten hohe geistige Kräfte am Kind und je mehr wir dafür einen Sinn entwickeln, umso mehr können wir diese Dimension auch in Ruhe lassen. Ich möchte dies einmal an einem Beispiel schildern, das vielleicht jeder kennt, der kleine Kinder erzogen hat. Der Autor Heinz Grill, der sich in der direkten Wahrnehmung geistiger Kräfte geschult hat, beschreibt diese Ebene in seinem Buch „Erziehung und Selbsterziehung" auf sehr schöne Weise. Wenn ich es einmal kurz vorlesen darf.

„Dieses reine Wirken der Engelskräfte lässt sich an vielen Beispielen beobachten. Die ersten Ansätze zum Gehen sind beispielhaft für ein wahrhaftig himmlisches Spiel im Irdischen. Der kleine Sprössling zieht sich am Tischbein in die für ihn ja noch unsichere und fremde Standposition und wagt schließlich mit äußerst vorsichtigen und zartesten Ansätzen den freien Schritt in das Gleichgewicht. Das beginnende Gehen ist ein seliges Beginnen und besitzt eine Freude, die nicht vom Körper allein kommt. Es ist wie eine Musik, die aus dem Himmel strömt."

Dieses erste Aufrichten des Kindes, wenn Sie es einmal erlebt haben, dann das erste Zugehen des Kindes auf den Erwachsenen, erlebt man als etwas sehr Freies und Freudiges. Es kommt einem fast etwas Engelhaftes an dem Kinde entgegen. Das kann man eigentlich sehr schön erleben.

Dieses engelhafte oder geistige Wirken am Kind kann man auch besonders in der Nachahmung erleben. Kinder, gerade in den ersten Lebensjahren, also in den ersten fünf, sechs, sieben bis 10 Jahren haben das Bedürfnis, ihre Umgebung und ihre Eltern nachzuahmen. Sie wollen eigentlich die Eltern in ihrer Tätigkeit, bei ihren Arbeiten erleben, und sie wollen sie im direkten Tun unmittelbar nachahmen. Es ist etwas sehr Schönes, wenn man den Blick einmal auf diesen Aspekt der Nachahmung lenkt. Diese Nachahmung sollte einen nicht stören am Kind, denn sie ist etwas ganz dem Kind entsprechendes. Man kann daran beobachten, wie geistige Kräfte am Kind arbeiten.

Wenn Kinder beispielsweise die Sprache erlernen, dann lernen sie nicht die Vokabeln und die Grammatik, so wie wir das tun, sondern sie ahmen die Sprache nach, sie leben sich hinein, sie hören die Mutter oder den Vater sprechen und ahmen das Gesprochene nach. Es ist ganz interessant, wie die Kinder gerade mit den komplizierten, den zusammengesetzten Wörtern, wie z.B. Staubsauger, umgehen. Wenn Kinder das Wort „Staubsauger" hören, dann versuchen sie es nachzuahmen. Ich hatte einmal ein Kind erlebt, das sagte dazu ganz freudig: Sakawauwau. Staubsauger konnte das Kind nicht sagen, es hörte die Laute, lebt sich in diese Laute hinein und dann kam das Sakawauwau heraus. Für die Eidechse habe ich auch schon das Wort Eishexe gehört. Gummistiefel wird zu Gammufili oder Waschmaschine zu Maschiniene. Die Kinder werden kreativ und leben sich lautmalerisch in die Geste hinein, und das ist etwas sehr Schönes, was auch die Phantasie anregt. Man tut dem Kind sicher nichts Gutes, wenn man sagen würde: „Nein, das heißt Staubsauger, nicht Sakawauwau, sage einmal Staub-sau-ger!" Da würde man viel zu früh in diesen natürlichen Prozess der Nachahmung eingreifen, anstatt dass man das Kind lässt und sich daran freut, denn es ist eine wirkliche Freude, wenn ein Kind Laute in dieser Hinsicht malt.

Ein anderes Beispiel, das möchte ich gerne einmal in Form eines kleinen Videos vorführen. Ich habe es zufällig im Internet entdeckt. Man sieht darin, wie ein Kind scheinbar Musik dirigiert und erst am Schluss sieht man aber, dass es die Musik eigentlich gar nicht dirigiert, sondern den Dirigenten vorne mit seinen typischen Bewegungen nachahmt.

Damit der Leser dieses Video anschauen kann, soll hier auf den Link verwiesen werden:
https://www.youtube.com/watch?feature=player_detailpage&v=i7W3ICpONVs#t=4

Das Kind sieht den Dirigenten vorne und ahmt ihn nach. Man empfindet eigentlich immer eine Freude, wenn man diese Nachahmung sieht. Es kommt einem etwas Schönes, Heiteres, fast Engelhaftes entgegen. Das ist etwas, worauf man in der Erziehung den Blick lenken kann, weil es so viele Versuche gibt, immer wieder in diese Bereiche störend einzugreifen. Hier ist also der Bereich, den man bei den Kindern in Ruhe lassen sollte.

Ich habe diesen Zusammenhang auch bei meinen eigenen Kindern erlebt. Wir hatten einmal das ganze Haus renoviert. Als wir fertig waren und alle Wände frisch gestrichen hatten, kam der kleine Sohn, er war damals fünf Jahre alt, nahm einen roten Handwerkerstift und ging, als wir gerade nicht im Zimmer waren, an die Wände und malte überall Striche an die frischgestrichenen Wände. Ich war natürlich außer mir als ich die Striche an der frischen Wand entdeckte. Ich dachte, mein Sohn hätte plötzlich eine bisher nicht gekannte Zerstörungswut an den Tag gelegt und war schon dabei, ihn zu schimpfen und zu strafen. Es ist mir erst später aufgefallen, dass ich einige Stunden zuvor Heizkörper an der Wand montiert und für die Aufhängung Striche mit einer bestimmten Geste an die Wand gezeichnet hatte.

Das Kind hatte das gesehen und dann eben das genauso nachgemacht, indem es diese Striche an die Wand zeichnete. Da macht es natürlich keinen Sinn, das Kind zu strafen. Natürlich darf das Kind so etwas nicht tun und man muss es auch davon abhalten, aber es ist sicher keine böse Absicht oder gar eine Zerstörungswut darin. Das muss man beachten.

Normalerweise ist es etwas sehr Schönes, wenn Kinder dieses nachahmende Element entwickeln, auch im späteren Schulalter. Im Grundschulalter orientieren sich die Kinder gerne am Vorbild der Eltern und Lehrer. Kinder im Schulalter – das weiß jeder Lehrer, der in der Grundschule unterrichtet – machen dem Lehrer Geschenke, sie malen ihm Bilder und möchten ihm etwas Gutes tun, ihm die Tasche tragen oder etwas anderes für ihn tun, und sie sind total glücklich, wenn der Lehrer sie die Tasche tragen oder dies oder jenes erledigen lässt. Wenn sie dann schon etwas älter sind, im 11., 12. bis zum 14. Lebensjahr beginnt es, dass die Kinder Scherze machen mit den Lehrern und Erwachsenen, die sie besonders gerne mögen. Sie machen auch Scherze mit Lehrern, die vielleicht besonders streng sind, um sich eine Art Freiheit zu verschaffen. Das ist etwas, wo man wieder dieses reine engelhafte geistige Wirken am Kind studieren kann.

Es ist für Kinder etwa mit 13 Jahren eine Freude, den Lehrer in den April zu schicken, beispielsweise in den fünften Stock hinaufzuschicken zur Rektorin, die dort warte und ihn schon die ganze Zeit suche, und es ist für die Kinder eine Freude, wenn der Lehrer dann hoch geht, niemanden findet und schließlich wieder herunterkommt. Besonders interessant ist dann natürlich die Frage: Wie reagiert der Lehrer? Mein Sohn hat beispielsweise erzählt, dass es ihnen in der Schule gelungen ist, den Aufzug durch Rütteln an der Türe zum Stehen zu bringen, sodass die Lehrerin im Aufzug auf halbem Weg stecken blieb. Das ist natürlich ein großer Erfolg, wenn es den Schülern gelingt, den Lehrer auf den Arm zu nehmen.

Meine Tochter hat mir einmal einen besonders gelungenen Streich erzählt: Der Lehrer kam nach der kurzen Pause in das Klassenzimmer herein und die ganze Klasse war nicht mehr da. Der Lehrer war natürlich total verunsichert. Was ist los? Hat er etwas übersehen? Er ging in den Pausenhof hinaus, auch draußen fand er die Klasse nicht. Er ging ins Lehrerzimmer, erkundigte sich, so wurde mir erzählt, was los sei, wo die Klasse geblieben sei. Niemand wusste Bescheid. Die gesamte Klasse war wie vom Erdboden verschwunden. Nur der Kleinste der Klasse hat es nicht mehr ausgehalten. Er hat aus der Toilette herausgeschaut und die Ohren gespitzt. Er hat geschaut, was der Lehrer macht, wie er auf- und abgeht und ist so natürlich entdeckt worden. Die ganze Klasse hatte sich in den beiden Toiletten versteckt, auf engstem Raum, um den Lehrer ins Leere laufen zu lassen. Wie war die Reaktion des Lehrers? Er hat es gut gemacht. Er ist hereingekommen und hat gesagt: „Jetzt aber schnell ins Klassenzimmer!“ Die Kinder haben sich gefreut, dass ihnen der Streich gelungen ist. Allerdings am nächsten Tag war es dann so, dass die Klassenlehrerin ins Zimmer kam. Da gab es ein großes Gezeter: „Das ist unverschämt, das dürft ihr nicht, das ist unakzeptabel, wenn das jede Klasse machen würde...“ usw. und sie hat für die ganze Klasse eine Strafarbeit verteilt. Sie hat damit die gesamte Palette des Moralisierens ausgepackt.

Das ist etwas, wofür man als Erzieher einen guten Blick entwickeln kann. Was ist wirklich etwas, wo es Sinn macht zu sagen: „Nein, das darfst Du nicht, das ist nicht in Ordnung, das ist nicht schön!“ und wo müssen die Kinder frei gelassen werden. Beispielsweise wenn ein Kind lügt, ist es durchaus sinnvoll zu sagen: „Nein, lügen darfst Du nicht!“ Aber damit ist auch wieder Ruhe. Oder wenn das Kind irgendetwas zerstört, dann muss man es auf die Seite nehmen und sagen: „Das geht nicht!“ Dieses Moralisieren aber: „Schau mal, wenn du das jetzt machst, wenn du jetzt lügst, dann kann der andere das nicht verstehen, der ist dann ganz traurig, das musst Du auch verstehen, das ist ihm auch gar nicht recht...“ Auf diese Weise sind die Worte nicht mehr klar und bestimmt, sondern bekommen diese moralisierende Note, die in diesem Alter dem Kind eigentlich sehr fremd ist.

Aus diesem Grund können wir mit der Erziehung nicht direkt in dieser moralischen Ebene ansetzen. Wir können geistige Werte nicht direkt erzieherisch unterrichten, indem wir dem Kind sagen: „Ihr müsst gut sein, ihr müsst dankbar sein, ihr müsst auch einmal an andere denken.“ Wahrheitsliebe und andere Tugenden sind moralische Werte, die man dem Kind nicht direkt willentlich vermitteln kann. Wo man in der Pädagogik aber schon ansetzen kann, ist die seelische und körperliche Ebene, indem man beispielsweise Überlegungen anstellt, wie die Kinder mehr in Kontakt, mehr in Beziehung finden, wie sie zu sinnvollen Tätigkeiten und sinnvollen Bezügen finden.

In der Förderung der Beziehung kann der Erzieher seine Pädagogik ansetzen

Auf diesem Gebiet möchte ich gerne die eine oder andere Anregung geben. Diese Anregungen mögen eventuell etwas banal erscheinen und vielleicht sind sie für Sie bereits eine Selbstverständlichkeit, es ist aber trotzdem sinnvoll, sich zu diesen Fragen einige Gedanken zu machen. Denn was wir heute viel mehr als früher erleben, ist, dass die Kinder nicht mehr so richtig miterleben, was die Eltern tun. Die Eltern arbeiten vielleicht im Büro, arbeiten am PC, am Schreibtisch, das erleben die Kinder oft nicht mehr mit.

Die Arbeitsverhältnisse sind komplizierter und entfremdeter geworden. Deswegen ist es heute besonders wertvoll, wenn es Möglichkeiten gibt, die Kinder in die normalen Tätigkeiten des Alltags zu integrieren. Wenn man sich Gedanken macht, wo können Kinder integriert werden, wo können sie z.B. mithelfen – es gibt im Haushalt sehr viele Möglichkeiten, z.B. im Zubereiten von Essen, Aufdecken des Tischs etc. –, dann können Kinder sehr viele schöne Erfahrungen sammeln.

Sie haben das sicher in Ihrer Kindheit ebenfalls gemacht, dass Sie, wenn Besuch kam, den Tisch gedeckt haben, Löffel, Messer und Gabeln und die Servietten hergerichtet haben. Das gibt eine bestimmte Empfindung beim Kind. Das Kind denkt und empfindet sehr stark: „Jetzt kommt der Besuch, jetzt kommen die Gäste, sie setzen sich hin und essen dann mit diesem Besteck." Man tut es eigentlich für den anderen. Das ist für die Kinder, vor allem, wenn es auch etwas gestaltend ist, etwas sehr Schönes, selbst dann, wenn die Kinder sich vielleicht nicht gleich beim ersten Mal dafür begeistern. Kinder mögen eigentlich schon lieber integriert sein in die Tätigkeiten, als dass man sie ins Zimmer schickt, vor den Fernseher setzt, um sie dann zum Essen zu rufen. Ich habe es auf jeden Fall noch nie erlebt, dass ein Kind, das bei der Essenszubereitung mitgearbeitet hat, beispielsweise den Salat gewaschen oder die Karotten geschnitten hat, dann am fertigen Essen gemäkelt hat, während wenn das Kind ganz bezugslos vom Zimmer kommt, schon einmal mit Widerwillen sagen kann: „Was gibt es heute schon wieder zum Essen?" Da kann es sehr leicht sein, dass die Antipathie in den Vordergrund rückt, wenn das Kind nicht richtig in Beziehung steht und dann eben nur mit Widerwillen an den Esstisch herantritt.

Gelegenheiten zu finden, die Kinder zu integrieren, sind hier sehr wertvoll. Beispielsweise Karotten zu schneiden, Dreiecke, Stifte, mal in Blümchen oder in Scheiben, es gibt unglaublich viele Gestaltungsmöglichkeiten und das ist etwas, was für Kinder besonders anregend ist, wenn sie eine gewisse Gestaltungsphantasie erleben. Es ist natürlich einfacher, wenn man das Fertiggericht in den Ofen schiebt, aber die Gestaltung ist etwas, wo man sehr viel Gutes tun kann, wenn man Kinder mit einbezieht.

Auch Überlegungen, wie wir den Kindern direkt Aufgaben oder Verantwortung übertragen können, ist etwas, das wir wertschätzen können. Verantwortung erleben wir ja erst in den Tätigkeiten. Wenn der Salat gut gewaschen ist, knirscht er weniger als wenn er schlecht gewaschen ist. Das wird unmittelbar erlebt. Ein Kind, das die Verantwortung dafür erhalten hat, die Milch aufzuwärmen und sie auszuschalten, bevor sie überkocht, erlebt natürlich direkt die Wirkung, wenn die Milch überkocht. Das sind wertvolle Ansatzmöglichkeiten, mit denen Kinder gut in Beziehung geführt werden können. Wenn Sie einmal darüber nachdenken, stellen Sie fest, dass es hier unendliche viele Möglichkeiten gibt.

Stellen Sie sich vor, Sie gehen mit einem Kind einkaufen, in einem Supermarkt mit einer großen Auslage. Sie sind gestresst und wollen dies und jenes einkaufen. Das Kind hat natürlich auch seine Bedürfnisse, und diese werden auch durch reizende Angebote geradezu geweckt. Das kann sehr spannungsgeladen werden. Stellen Sie sich aber vor, das Kind hat nun die Aufgabe mitzuschauen, was Sie eigentlich brauchen. Es kann darauf schauen, welche Produkte Sie noch zu Hause haben und welche fehlen.

Und im Geschäft hat es dann die Aufgabe zu schauen, wo diese Produkte sich befinden, es hat die Aufgabe, diese zu suchen und sie einzuladen. Da ist der Sinn natürlich ganz woanders hingerichtet als nur auf den Konsum oder auf das, was von der Bedürfnis-Industrie vorgegeben wird. Da kann man sehr schöne Möglichkeiten finden. Das lässt sich natürlich nicht zwanghaft machen, aber ich habe noch kein Kind erlebt, das es nicht gerne hat, eine Aufgabe gestellt zu bekommen, wenn die Aufgabe nicht nur der Beschäftigung dient, sondern wirklich Sinn hat, und damit unmittelbar erlebt wird, welchen Wert die Aufgabe schafft.

Durch das Übertragen einer verantwortungsvollen Aufgabe erlebt sich das Kind in einem größeren Zusammenhang.

Es ist tatsächlich für ein Kind ein Wert, wenn es teilnehmen kann an einem größeren Ganzen und mit beitragen kann zu einer Sache. Auch beispielsweise für behinderte Kinder ist es ein großer Wert, wenn sie nicht nur in eigenen Einrichtungen untergebracht werden, sondern zu einem größeren Gesamten einen Beitrag geben können. Es ist auch die Pädagogik heute schon mehr dahin orientiert, sich in diesem Sinne Gedanken zu machen. Hier gäbe es viele Möglichkeiten, ganz besonders für Jugendliche. Jugendliche benötigen natürlich anspruchsvollere Aufgaben als kleinere Kinder.

Ich selbst kann nur sagen, ich bin in einer Familie aufgewachsen mit sechs Kindern, wir waren also acht Köpfe. Da war immer viel zu tun, es gab damals noch noch keine Spülmaschine und deshalb hatte jeder im Haushalt bestimmte Aufgaben zu erfüllen. Ich musste z. B. eine Woche lang immer die Schuhe putzen für die ganze Familie. Da waren dann am Abend 20 Schuhe vor mir aufgereiht und ich musste sie erst einmal vom Schmutz befreien, Schuhcreme auftragen und danach polieren, sodass sie schön glänzten. Das wird heute nicht mehr gemacht, aber damals war es eine Aufgabe, die natürlich für mich als kleines Kind mit sechs, sieben Jahren eine anspruchsvolle Aufgabe war. Zum einen habe ich gesehen, dass es doch sehr unterschiedliche Schuhe gibt, und es hat mich natürlich auch interessiert, wie die Schuhe genau aussehen. Das sieht man oft gar nicht mehr, man weiß gar nicht mehr, was der andere für Schuhe anhat. Auf diese Weise wird schon einmal der Blick für einen Bereich geweckt, den man sonst gar nicht beachtet. Ganz besonders wertvoll aber war für mich – und das hat mich in dieser halben Stunde Schuheputzen auch beschäftigt – wie mein Vater mit den geputzten Schuhen aussieht. Mein Vater war damals als Beamter in einem höheren Dienst und musste mit Anzug, Krawatte und eben gut geputzten Schuhen erscheinen. Das war für mich als Kind eine große Ehre, dass ich verantwortlich war, wie mein Vater am nächsten Tag in seiner Arbeit erschien. Es ist diese Erfahrung nicht gering zu schätzen. Man muss es natürlich auf die heutige Zeit übertragen, auf die Verhältnisse, die der Einzelne zu Hause hat. Es lässt sich nicht sagen, dass die Kinder ab heute jeden Abend die Schuhe putzen müssen. Das würde sicher nicht gut gehen.

An dieser Stelle möchte ich zur Verdeutlichung noch weitere Bilder zeigen: Auf den Bildern sehen Sie kleine Kinder bei einer sinnvollen Tätigkeit. Wenn Sie sich an ihre eigene Kindheit zurückerinnern, dann haben Sie sicher sehr angenehme Empfindungen dabei, dass Sie die verschiedenen Gegenstände, mit denen Sie es zu tun hatten, sehr genau angeschaut haben. Man schaut als Kind beispielsweise einen Teller ganz genau an, welche Muster und Farben drauf sind, oft genauer als die Erwachsenen es tun. Man erlebt als Kind die Formen, Muster und Farben der Gegenstände, mit denen man es zu tun hat, sehr intensiv. Dadurch entsteht aber auch ein schönes Verhältnis. Kinder stehen dadurch integriert in einem Zusammenhang. Auf diesen Blick würde ich gerne einmal die Aufmerksamkeit lenken. Es ist sehr viel wert, wenn Kinder in einem sinnvollen Sachzusammenhang stehen.

Ein Kind ist beispielsweise stolz,
wenn es das Auto des Vaters putzen kann.

Es zeigt sich ein ganz bestimmter Empfindungseindruck, wenn Kinder in einem Zusammenhang oder in Bezug zu einer Sache stehen. Das ist das, was ich mit dem seelischen Bild versucht habe auszudrücken. Es ist ein Wert, wenn Kinder Beziehung finden, Beziehung zur Sache und Beziehung auch zu einem größeren Ganzen, z. B. zu dem Gast, der zum Essen erwartet wird. Man kann sagen, die Kinder wirken dadurch eingeordneter, sie wirken natürlicher, kindlicher. Es wirkt fast so, wie wenn unsichtbare Kräfte von außen an dem Kind arbeiten und es schöner gestalten.

Kinder haben die Fähigkeit beim Basteln oder Spielen sich ganz einer Sache hinzwenden. Durch diese Art Beziehung zu einer Sache bildet sich das Empfindungsleben aus, was auch für später einen großen Wert bedeutet.

Es ein großer Unterschied, ob die Beziehung gut gefunden wird, sei es beim Spielen, beim Malen oder bei einer anderen Tätigkeit, oder nicht. Diesen Unterschied kann man evtl. an den Bildern wahrnehmen. Wenn das Kind Beziehung zu einer Sache hat, können geistige Kräfte frei wirken, man hat dann das Gefühl, dass das Kind kindlich und sympathisch wirkt.

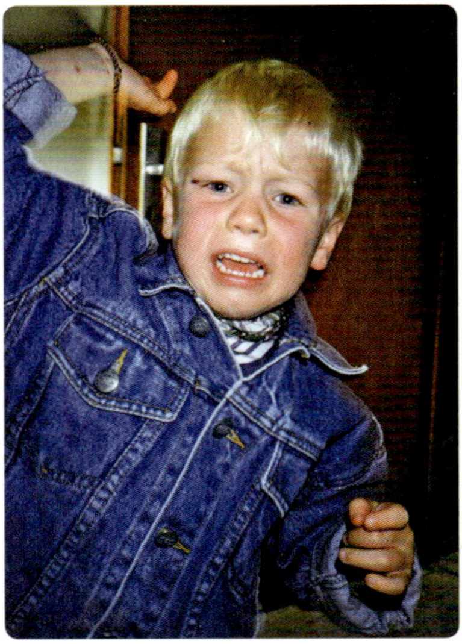

Es gibt aber natürlich auch den Fall, dass das kleine Kind Trotzreaktionen zeigt. Es wirkt dadurch abgeschlossener, kompakter, viel mehr in sich gefasst und gefestigt, aber eben auch isoliert, nicht so gut in Verbindung. Es ist nicht so, dass jede Trotzreaktion unbedingt vermieden werden muss, sie gehört sicher zur Persönlichkeitsentwicklung dazu. Aber das ist etwas, wo wir dem Kind helfen können, indem wir sagen: „So jetzt ist Schluss mit dem Theater, jetzt schauen wir, dass wir wieder weiterkommen!"

Oder hier beim Eisessen. Man merkt an diesem Bild, dass das Kind angestrengter wirkt, mehr in sich abgeschlossen, nicht so recht in der Beziehung zu einer Sache. Bei den vorhergehenden Bildern ist der Bezug zu einer Tätigkeit gegeben und hier bei diesen Bildern ist das Kind mehr in sich abgeschlossen und der Bezug nach außen ist nicht so günstig vorhanden.

Die unterschiedliche Sphäre um das Kind kann zwar nicht direkt gesehen, aber doch empfindungsgemäß wahrgenommen werden. Wenn das Kind den Bezug zu einer Sache findet, dann wirkt es leicht zurückgewichen und mehr in einem Gesamtzusammenhang eingebettet.

Es sind nur sehr feine Eindrücke, aber das gleiche Kind wie vorher wirkt hier mehr in sich selbst abgeschlossen, nicht so in der Verbindung, wie wenn es in einer sinnvollen Tätigkeit steht. Ich möchte jetzt nicht sagen, dass das eine gut ist und das andere schlecht, aber ich möchte auf diesen Unterschied in der Empfindung aufmerksam machen. Wenn das Kind in einem guten Zusammenhang steht, dann kann man davon ausgehen, dass Kräfte am Kind arbeiten, die es in eine schöne, gestaltende Ebene hineinführen. Und wenn das Kind zu viel auf sich selbst zurückgeworfen, in eine Art vital aufgeladenen Zustand hineingeführt wird, dann sehen wir Kräfte am Kind arbeiten, die es mehr in einen undifferenzierten und kompakteren Zustand bringen.

Wir haben diese Beobachtungen auch in einer Schulklasse gemacht, mit der Fragestellung, wo kann man Beziehungen fördern und wo muss man die Kinder in Ruhe lassen, sodass geistige Kräfte frei wirken können. Wir haben hierzu Kinder am Anfang des Schuljahres fotografiert und dann wieder am Ende.

Es ist sehr interessant, wie die Kinder am Anfang des Schuljahrs und die gleichen Kinder dann am Ende des Schuljahrs wirken. Am Anfang des Schuljahrs wirken sie noch ungeformter, undifferenzierter. Am Ende des Schuljahrs, nach den Bemühungen um möglichst freie inhaltliche Gestaltung, wirken die gleichen Kinder viel gegliederter, geformter, geordneter. Manche Kinder haben zu Beginn schon einen etwas traurigen Blick in den Augen. Beim zweiten Bild dagegen wirkt der Blick beseelter, belebter.

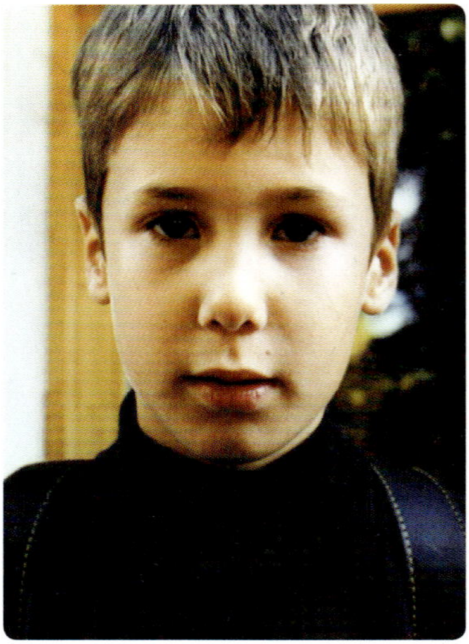

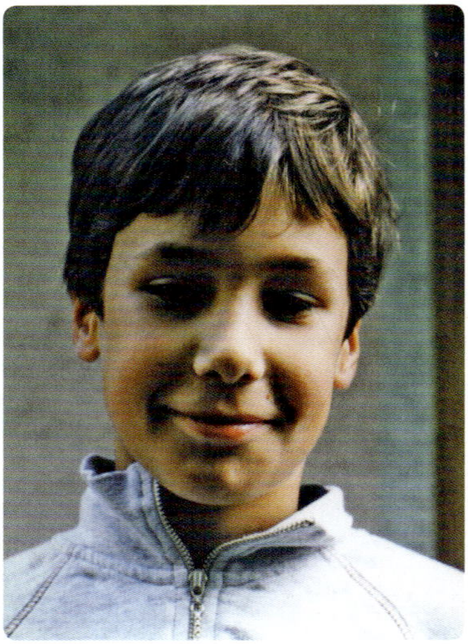

Gerade in diesem Alter ist jeder Tag mit großen Entwicklungsschritten verbunden. Die Kinder verändern sich auf natürliche Weise sehr stark. Ich möchte deshalb nicht alles auf die Pädagogik zurückführen. Wenn man aber das erste Mädchen betrachtet, fällt auf, dass es eigentlich gar nicht so kindlich wirkt, es hat schon fast eine gewisse Traurigkeit in den Augen. Das kennt man normalerweise mehr von Erwachsenen. Hier drückt sich schon fast eine Not im Kind aus, die man im Gesichts- oder Augenausdruck direkt sehen kann. Beim zweiten Bild dagegen besitzt das gleiche Kind einen heiteren, freien, kindlicheren Charakter. Es wirkt kindlich und dennoch reifer und differenzierter.

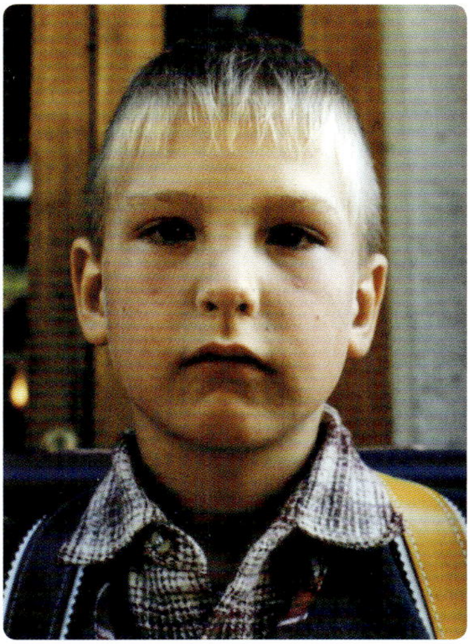

Wenn der Lehrer, der Erzieher oder allgemein der Pädagoge die Möglichkeiten nutzt, die er als Erzieher hat, wenn er wie hier um geordnete Verhältnisse und Beziehungsgestaltung bemüht ist, die geistige Ebene in Ruhe lässt und die kindliche Entwicklung durch das Moralisieren nicht zu sehr stört, entstehen wertvolle Möglichkeiten in der Pädagogik.

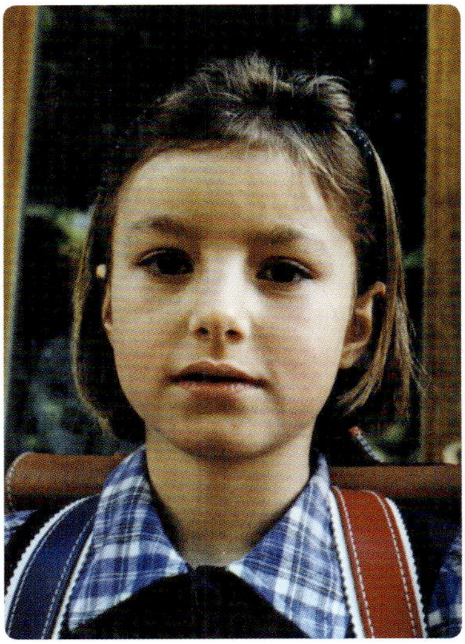

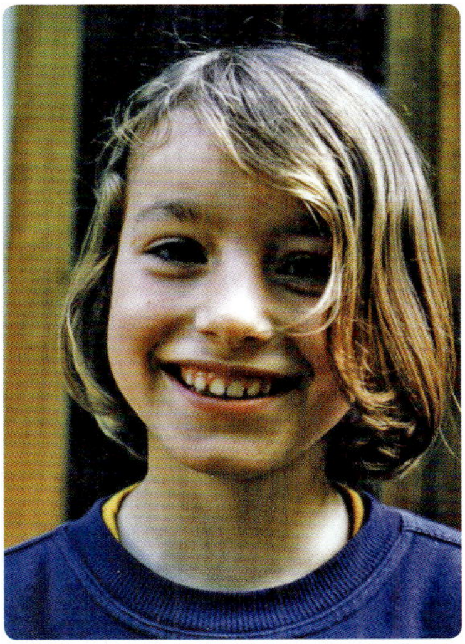

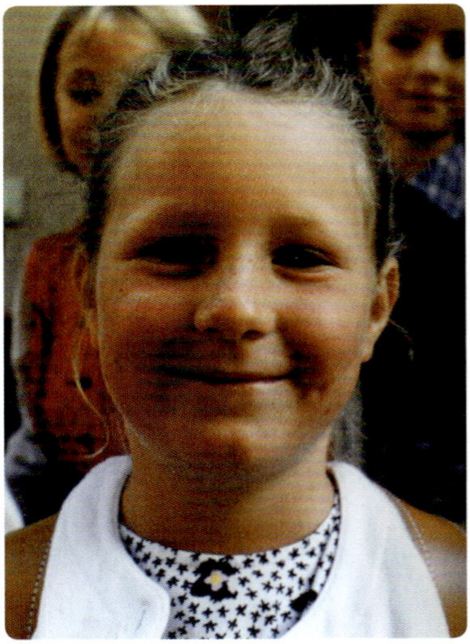

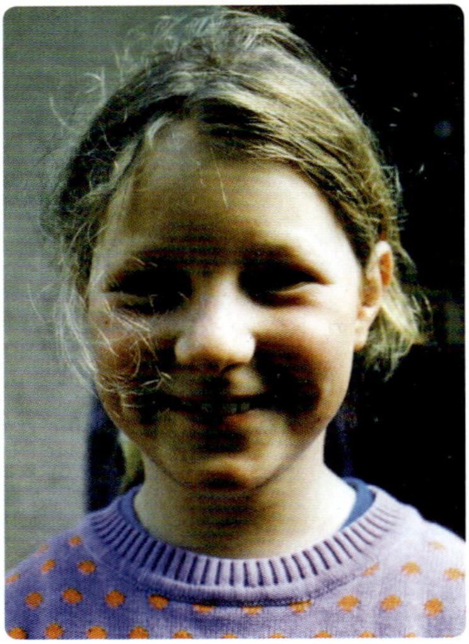

Nach diesen Bildern zur Unterscheidungsbildung möchte ich noch auf weitere Punkte zu sprechen kommen, wie der Erzieher auf praktische Weise die Entwicklung von Werten anregen kann.

Erziehung beginnt in der Selbsterziehung

Es ist ja so, dass es für die Erziehung sicher nicht reicht, wenn wir nur versuchen, die schlechten Gewohnheiten abzugewöhnen oder Regeln aufzustellen, wie die Kinder sich zu verhalten haben. Man kann, glaube ich, schon sagen, dass wir mehr noch durch das, wie wir als Erzieher sind wirken, als durch das, was wir mit den Kindern machen. Wir wirken als Erzieher vor allem durch unsere entwickelte Persönlichkeit selbst. Unsere persönliche Haltung wirkt viel mehr erzieherisch als die Maßnahmen, die wir ergreifen, um unsere Kinder eventuell zu maßregeln, zu fördern oder wie auch immer zu erziehen. Das kann, glaube ich, jeder Lehrer bestätigen, das können aber auch Eltern bestätigen. Jedes Kind merkt sofort, wenn ein bestimmter Lehrer zur Tür hereinkommt, was von diesem Lehrer ausgeht. Entweder gewinnt der Lehrer den Zuspruch oder wird abgelehnt, entweder besitzt er Autorität oder er muss ständig um seine Stellung kämpfen. Das hängt nicht nur davon ab, was der Lehrer im Einzelnen macht, sondern vor allem auch davon, welche Persönlichkeit er entwickelt hat, welche Haltung er der Umgebung gegenüber einnimmt und ob sich der Lehrer selbst noch in einer Entwicklung befindet. Für das Kind ist es das Ungünstigste, wenn der Lehrer in seiner Entwicklung bereits fertig ist. Lehrer, die ihre Folien einmal erstellt haben, und die dann 10 Jahre lang immer wieder die gleichen Folien auflegen und den gleichen Unterricht absolvieren, werden von den Kindern nicht sehr geschätzt. Ein Lehrer dagegen, der sich selbst in einer Entwicklung befindet, selbst Fortschritte macht, selbst noch Interesse an seinem Thema hat und den Bezug zur Sache auch vermitteln möchte, ist natürlich für Kinder viel ansprechender als ein Lehrer, der eigentlich schon sein Thema abgeschlossen hat und einfach nur seinen Unterricht absolviert.

Auch in den Familien gibt es übrigens den Fall nicht selten, dass Kinder ihre eigenen Eltern beschimpfen, sich in ungünstiger Weise gegen sie auflehnen oder sogar die eigene Mutter schlagen. Es ist nicht etwas Normales, auch nicht in der Pubertät, wenn Kinder ihre Eltern ablehnen, sondern es drückt eigentlich eine Notsituation aus. Wenn Kinder die Eltern schlagen, dann ist eine große Notsituation ersichtlich, weil die Kinder gerade in jungem Alter die Eltern respektieren möchten, zu ihnen aufsehen möchten, sie achten und nicht gegen die eigenen Eltern vorgehen möchten. Wenn sie es dennoch tun, können wir davon ausgehen, dass wir vielleicht schon zu sehr in unserer Entwicklung stagnieren. Die Kinder selbst stehen in einem unglaublich dynamischen Entwicklungsprozess. Was sich in diesen Lebensjahren an Entwicklung zeigt, ist faszinierend. Kinder wirken auch deshalb so attraktiv, weil die Entwicklung bei ihnen so dynamisch und lebendig ist.

Wir wissen aber aus unserem eigenen Leben, wenn man einmal 30, 40 Jahre alt wird, dann passiert es leicht, dass man sich schon zu sehr einrichtet im Leben und dass Stagnationen eintreten. Gerade ab dem 30. bis 35. Lebensjahr beginnt sich diese Frage ganz besonders zu stellen. Wenn diese Frage so gelöst wird, dass die Erwachsenen stagnieren und die Kinder in der Entwicklung weiter schreiten, dann passiert es sehr leicht, dass die Kinder mehr die Erwachsenen erziehen und nicht die Erwachsenen die Kinder, so wie es eigentlich sein sollte. Dann passiert es sehr oft, dass die Kinder bestimmen und führen und damit eigentlich die Erwachsenen erziehen, während die Erwachsenen demgegenüber etwas zu passiv sind. Hier wäre die dringende Notwendigkeit gegeben, dass auch die Erwachsenen sich wieder selbst Ziele setzen und Inhalte geben, Inhalte, die sie selbst für ihr Leben aufgreifen und mit Interessen ausgestalten wollen.

Ein Beispiel, das Sie vielleicht bestätigen können, ist dasjenige, dass die Kinder sehr oft den absoluten Mittelpunkt der Familie bilden. Was wird nicht alles für die Kinder gemacht. Der Papa geht für die Kinder arbeiten, die Mama geht für die Kinder arbeiten und die Kinder stellen sozusagen den Hauptmittelpunkt des Lebens dar. Das ist mit Sicherheit kein günstiges Verhältnis, denn die Kinder können dadurch nicht mehr frei gelassen werden. Wir Erwachsenen brauchen selbst Ziele, brauchen selbst Ideen, Interessen und Ideale, denen wir nachgehen, damit die Kinder sich frei zuordnen können. Wenn wir die Kinder für unseren eigenen Lebensinhalt brauchen, wenn die Kinder unser Hauptlebensinhalt geworden sind, dann sind sie nicht mehr frei, dann brauchen wir sie schon zu sehr für uns. In Wirklichkeit brauchen wir selbst Inhalte, damit sich die Kinder auf freie Weise zuordnen können. Das ist ein ganz wichtiger Punkt, der gerade in den letzten 10, 20 Jahren unglaublich Verbreitung gefunden hat, dass die Kinder fast der absolute Mittelpunkt in den Familien geworden sind.

Vielleicht kennen Sie die Erfahrung aus der Jugend, wenn man einen Freund gehabt hat, mit dem man viel unternommen hatte, und dieser Freund hat dann eine Familie gegründet. Ab dem Zeitpunkt waren gemeinsame Unternehmungen kaum mehr möglich. Die Familie hat oft ein so starkes Gewicht bekommen und so viel Raum eingenommen, dass die freundschaftliche Beziehung immer mehr verloren ging. Es ist zwar zu einem gewissen Grad auch natürlich, sich familiär zu orientieren, wenn dies aber sehr ausschließlich und übermäßig betrieben wird, dann wird schließlich auch eine Enge erlebt, die sehr belastend wirken kann.

Es ist mit Sicherheit kein Problem, wenn die Kinder einmal allein zu Hause bleiben und die Eltern z.B. gemeinsam zum Essen gehen. Das ist für die Kinder kein Schaden oder wenn die Eltern einmal in Urlaub fahren oder ihren Interessen nachgehen und die Kinder sich in geeigneter Weise zuordnen können. Aber es ist schon eine Schwierigkeit für die Kinder, wenn sich die Eltern die ganze Zeit vollständig auf die Kinder ausrichten. Natürlich müssen in jungen Jahren die Eltern da sein, sie können die Kinder mit drei Jahren nicht einfach zu Hause lassen, das geht nicht. Aber wenn die Eltern alle ihre Interessen, alle ihre Ziele, alle ihre Vorstellungen, die sie vom Leben einmal hatten, über Bord werfen und nur noch dem Kind dienen und nur noch für die Kinder da sind, dann ist das etwas eher Ungünstiges. Wenn Sie sich einmal in die Rolle des Kindes hineinfühlen und sich vorstellen, Sie hätten Eltern, die alles, was Sie eigentlich einmal tun wollten, ihretwillen über Bord geworfen hätten und nur noch für Sie da wären, das würde Sie unfrei machen. Wahrscheinlich wären Sie gar nicht zufrieden damit. Kinder wollen, dass die Eltern ihren Zielen und Aufgaben im Leben nachkommen, ihre Möglichkeiten entfalten und etwas schaffen im Leben. Das ist den Kindern in der Regel viel wichtiger, als wenn sich die Eltern aus Mangel an eigenen Zielen nur auf sie konzentrieren.

Es ist zwar immer gewagt, diese Dinge auszusprechen, aber meine Erfahrung ist tatsächlich so, dass es weder den Eltern noch den Kindern nützt, wenn diese auf falsche Weise zum Lebensmittelpunkt erhoben werden. Ich möchte in dem Zusammenhang noch einmal einen kleinen Abschnitt aus dem Büchlein von Heinz Grill vorlesen, das mich dazu angeregt hat, auch diesen Gedanken hier aufzugreifen. Er beschreibt die Situation mehr aus einer seelisch-geistigen Sichtweise:

> *„Denken wir uns aber wieder in die innere Situation des Kindes hinein und erfühlen wir, wie unsere oder vielleicht auch andere Personen auf das Kind wirken. Es ist eine nahezu gewöhnliche Tatsache geworden, dass wir selbst aus einer gefühlsmäßigen Bindung heraus unsere Kinder zu unserem hauptsächlichen Lebensinhalt benötigen. Wir schaffen unbewusst aus Mangel an Einsicht in die Weltenzusammenhänge und aus Mangel an wirklich gelebter Religion eine Abhängigkeit zu jenen, die uns anvertraut sind. Eine natürliche Gefühlsbeziehung zu den jungen, engelhaften Kinderwesen ist wichtig und in jedem Falle der Natur entsprechend. Wo aber liegt die Grenze zur ungesunden psychischen Abhängigkeit? Sie entsteht immer dann, wenn wir kein größeres Ziel haben, als es die vergängliche Erscheinungswelt innerhalb der Grenze von Geburt und Tod gewährt. Wir schaffen unbewusst eine ungesunde Abhängigkeit und eine nahezu unauslöschbare Symbiose zu unseren Kindern durch die fehlende Zielsetzung zu jenem größeren Ziel und Ideal, das die sterblichen Sinne übersteigt. Die Gedanken können nicht wirklich frei, unbefangen und ohne Angst auf die zarte, heranwachsende Seele wirken. Unbewusst strömt eine Angst auf die Kinder hinüber, wenn von uns Eltern die Zielsetzung an ein größeres Ideal fehlt."*

In dem Maß, in dem wir zu den Kindern Abhängigkeiten schaffen, wird es uns schwerer, dass wir die Kinder überhaupt noch erziehen können. Wir könnten leichter die Kinder unserer Nachbarn erziehen als unsere eigenen Kinder, solange diese ungünstigen Bindungen bestehen. Nehmen Sie einmal die Freundin ihrer Tochter oder den Freund ihres Sohnes mit in den Urlaub. Mit diesem Kind kommen Sie in der Regel leichter zurecht als mit den eigenen Kindern, weil diese Abhängigkeiten und Bindungen hier nicht so stark vorhanden sind, wie bei den eigenen. Emotionale Bindungen sind natürlich immer gegeben. Sie werden sich auch nicht ganz vermeiden lassen. Man kann auch diese Abhängigkeit nicht direkt bekämpfen, aber man kann sich doch wirkliche Ziele im Leben setzen und dadurch etwas diesem starken Abhängigkeitsverhältnis entgegenwirken.

An dieser Stelle stellt sich die Frage, was es eigentlich heißt, sich selbst Ziele zu setzen und dem Leben Inhalte zu geben. Es ist klar, dass die allgemein diskutierten Inhalte, wie z. B. die Wirtschaftskrise zu überstehen oder den Bausparvertrag mit dem bestmöglichen Zinsertrag abzuschließen, keine wirklichen Inhalte sind, die uns in der Seele bewegen können. Was aber sind Inhalte, die uns tatsächlich bewegen können, die uns anregen und der eigenen Entwicklung Impulse geben können?

Diese Fragen können wohl nicht sogleich definitiv beantwortet werden. Man kann aber beispielsweise auf den Schulunterricht bezogen schon sagen, wenn der Lehrer z. B. Mathematik oder Sprachen unterrichtet und zu dieser Fachkunde noch eine weitere Vertiefung entwickelt, dass er dadurch geeignete Inhalte entfalten kann. In der Sprache drücken sich beispielsweise immer auch bestimmte Empfindungen aus. Wenn man nur das Wort *Kopf* nimmt im Deutschen und es ins Englische übersetzt, dort heißt es *head*. Der Englischlehrer würde in der Schule vielleicht hergehen und sagen: „*Kopf* heißt *head*." „*Bein* heißt *leg*". Das wäre einmal das Einfachste, was natürlich auch sinnvoll ist. Der Englischlehrer kann sich aber noch weiter Gedanken bilden. Er kann sich sagen: „Wenn der Deutsche *Kopf* sagt, dann meint er doch jedenfalls in der Empfindung etwas anderes als wenn der Engländer *head* sagt." Es bezeichnet zwar das gleiche, was wir da oben auf dem Hals sitzen haben, aber allein vom Wort *Kopf* klingt es doch ganz anders und wir empfinden es auch anders, als das Wort *head*. Das können Sie sicher nachvollziehen. Was bezeichnet der *Kopf*? Es ist etwas Kompaktes, und *head* ist etwas, was man eher mit einem Hauch, dem h begleitet. Da ist das nach oben Strebende, das Aushauchende drin, dass man eher mit dem Haupt übersetzen könnte. Also hat man ganz andere Empfindungen, wenn man das Wort *Kopf* sagt als wenn man das Wort *head* sagt.

Es ist zwar jetzt wieder sehr einfach gesprochen, aber stellen Sie sich vor, ein Englischlehrer beginnt seine Sprache, seine Grammatik, seine Begriffe empfindungsmäßig auch zunehmend zu durchdringen, zu erleben, dann wird er natürlich mit einem anderen Hintergrund vor die Klasse treten, als wenn er einfach nur sagt, „Kopf heißt head und Bein heißt leg", auch wenn er das gar nicht direkt erzählt. Das Empfindungsleben, das Beziehungsleben und damit das Seelenleben sind natürlich mehr angeregt, wenn auch ein Teil enthalten ist, den das Kind tatsächlich auch empfinden kann. Ob der Lehrer das direkt anspricht oder es unausgesprochen bleibt, ist gar nicht einmal das Entscheidende.

Stellen Sie sich als weiteres Beispiel einmal vor, ein Lehrer steht vor der Klasse und sagt: „Was ist das für ein merkwürdiges Tier? Es schleicht nachts im Mondlicht mit sanften Pfoten lautlos durch den Garten. Plötzlich hält es in der Bewegung inne, kauert auf dem Boden nieder, zuckt mit der Schwanzspitze leicht hin und her und macht einen Satz, zwei Meter weit. Tagsüber, wenn die Sonne scheint, liegt das gleiche Tier faul auf der Couch und wenn man es mit der Hand aufnimmt, dann hängt es wie ein nasses Handtuch auf beiden Seiten herunter."

Damit schafft der Lehrer zu dem Unterrichtsstoff auch eine Empfindung. Wenn der Lehrer mit seiner Darstellung eine Empfindung schafft, ist das etwas ganz anderes als wenn er sagt: „Die Katze ist ein Raubtier aus der Familie der Felidea, sie ist 20 bis 50 cm groß und kommt in der nördlichen Hemisphäre vor." Diese Fakten sind zwar auch richtig und sollten sicher auch vermittelt werden, aber es ist doch ein großer Unterschied, ob der Lehrer eine Empfindung und damit eine Beziehung schaffen kann zu dem Unterrichtsobjekt, oder ob er es nur ohne Bezug abstrakt abhandelt.

Es ist für den Schulunterricht ein ganz wichtiger Aspekt, dass wir die Themen, die Inhalte, die wir unterrichten, auch mit Gedanken und Empfindungen durchdringen können. Die Gedanken sollten dabei dem Stoff nicht fremd aufgelastet werden und der Unterrichtsstoff sollte auch nicht emotional aufgeladen werden, sondern die Inhalte sollten aus der Sache selbst kommen und dem Unterrichtsgegenstand auch entsprechen.

Das Gleiche gilt natürlich auch für die Eltern. Hier existiert die Frage: Was sind geeignete Gedanken, was sind geeignete Empfindungen, die wir als Eltern praktisch entwickeln können? Wie vollbringen wir unsere Tätigkeiten, damit sie auch empfindungsvoll anregend sind? Für Kinder ist es unglaublich interessant, zu sehen, wie wir beispielsweise in einem Geschäft einkaufen. Sie interessieren sich nicht nur dafür, was wir einkaufen, sondern auch wie wir einkaufen, wie wir in Kontakt treten mit dem Verkäufer, mit der Kassiererin und wie wir selbst Beziehungen schaffen. Das ist unglaublich interessant für die Kinder, wenn Eltern ihre Kinder mitnehmen, wenn sie einkaufen gehen und sich dabei einen Inhalt schaffen. Mit Jugendlichen kann man die Dinge sogar besprechen, mit welchen Inhalten man beispielsweise den Einkauf tätigen möchte. Mit kleineren Kindern geschieht das dagegen mehr unbewusst.

Es ist natürlich besonders wertvoll, wenn der Erwachsene auch ein eigenes Interessensgebiet hat, wenn er Inhalte hat, die ihn interessieren und ihn selbst seelisch anregen. Da gibt es natürlich viele Möglichkeiten. Ein Thema kann es z. B. sein, dass man die Natur erlebt. Wenn einen die Natur interessiert, welche Pflanzen jetzt um diese Jahreszeit gedeihen, dann wird man feststellen, dass überall in den Gärten die Forsythie besonders schön blüht. Jetzt können wir uns natürlich sagen: Ja, das ist schön, hier blüht die Forsythie. Das wird auch jeder wahrscheinlich so empfinden. Aber wir können uns natürlich auch die Frage stellen, welche Empfindung wirklich mit dieser Pflanze verbunden ist. Jede Blume besitzt doch ein eigenes Schöpfungsgeheimnis und bringt damit eine ganz bestimmte seelische Empfindung zum Ausdruck. Es ist ein großer Unterschied, ob wir eine Forsythie betrachten oder ein Veilchen. Eine Rose vermittelt wieder einen anderen Empfindungseindruck als eine Akelei.

Was kennzeichnet aber die Forsythie ? Sie hat eine ganz bestimmte Charakteristik, einen ganz bestimmten Ausdruck, den sie beim Betrachter hinterlässt. Meistens gehen wir an diesen Impressionen vorbei, nehmen sie nur unbewusst auf. Wir können uns aber einmal Gedanken bilden, wie diese Blume, die wir in den Gärten sehen, auf den Menschen wirkt.

Schauen wir uns zunächst die Forsythie an, die Holzästchen, die Zweige. Die langen Äste sind ganz überdeckt mit Blüten. Noch bevor das Grün herauskommt, ist die Blütenpracht schon über das ganze Holz ausgebreitet. Das fällt uns auf bei der Forsythie. Sie hat eine unglaublich blühende, hell leuchtende Ausstrahlung. Sie ist leuchtend, gelb, fast in einer überschäumenden Blütenpracht. Nun kann man sich die Frage stellen: Wie wirkt das eigentlich? Was ist das für eine Empfindung? Was regt sie beim Menschen an, wenn er diese Blume anschaut? Da würden wir jetzt wahrscheinlich nicht depressiv werden können, wir würden eher angeregt werden. Wir würden auch nicht unbedingt zu Introversion, sondern eher zu Extraversion angeregt werden. Dann gehen wir einmal weiter und schauen uns ein anderes Bild an. Die meisten kennen es, es ist das Maiglöckchen. Wir haben an beiden Seiten die zwei großen Blätter und dazwischen ganz beschaulich diese kleinen Glöckchen, die aber gar nicht so stark leuchten, wie die Blüten anderer Blumen. Wenn wir diese Pflanze anschauen bleibt ein völlig anderer Empfindungseindruck, als bei der Forsythie, obwohl beide Pflanzen im Frühling blühen.

Das Maiglöckchen wirkte mehr introvertiert, es hat einen beschaulichen Charakter. Die Blüte, die Glöckchen sind nach unten geneigt, der Blütenstand bildet zwischen den beiden großen Blättern eine Mitte aus.

Auch hier macht es Sinn, sich weitere vertiefte Gedanken zu bilden. Zu beiden Pflanzen habe ich auch Beschreibungen in der Literatur von Heinz Grill gefunden. Dort wird die Forsythie* als Pflanze beschrieben, die vor allem zu Taten anregt, die nach langer Winterszeit oder nach langer Krankheit wieder Hoffnung spendet. Es ist eine Pflanze, die hoffnungsvolle und anregende Impulse gibt. Sie ist eine der ersten blühenden Pflanzen im Frühjahr, und sie regt zu Taten an, sie weckt geradezu die Liebe zum Tätigsein, während das Maiglöckchen** gemäß den seelisch-geistig inspirierten Beschreibungen bemerkenswerterweise eine stille Erinnerung dafür weckt, dass es einen Tod gibt. Das Maiglöckchen erinnert von dieser Sichtweise ausgehend an den Tod.

Mit solchen Gedanken, so überraschend sie vielleicht im Moment sind, stimmen sich die Empfindungen wieder neu ein und sie können weitere Vertiefungen geben. Die Pflanzen erinnern also den Menschen an etwas, das mit seinem Seelenleben zusammenhängt. Die unterschiedlichen Pflanzen haben eine ganz unterschiedliche Bedeutung für das Seelenleben und auch ganz unterschiedliche Wirkungen auf den Menschen. Man kann natürlich sagen: „Das glaube ich nicht" oder „das glaube ich schon". Die Frage des Glaubens ist in diesem Sinne aber nicht so bedeutungsvoll. Viel wichtiger ist, dass man mit solchen Gedankeninhalten praktisch beginnt, die Natur zu betrachten. Es sind Inhalte, die dem Seelenleben entsprechen. Wenn man mit diesen Inhalten die Natur betrachtet, dann wird man natürlich mit der Zeit Empfindungen anregen, die einen wieder mehr in Verbindung mit der Sache, also hier mit der Natur, bringen. Das wäre eine Möglichkeit, das Seelenleben zu entwickeln. Das Beispiel ist hier auf die Pflanze bezogen, es lässt sich aber auf alle Lebensbereiche übertragen.

Ein weiteres Beispiel könnte sein, wenn Sie gerne in einem Lokal essen gehen. So können Sie sich auch über die Ernährung oder die Art Gastlichkeit in dem Lokal Inhalte bilden. Der Mensch – und das wollte ich damit sagen – braucht aber Inhalte, die er sich selbst gibt, damit er nicht zu sehr in diese Bindungsstrukturen fällt und damit er sich selber mehr in einen dynamischen Entwicklungsprozess stellt. Das wäre ein ganz wichtiger Punkt und dazu möchte ich z. B. auch solche Literaturanregungen geben. Ich bin Verleger von Büchern. Die Auswahl der Bücher, die ich in meinem Buchverlag herausgebe, ist vor allem Literatur, die gerade diese Anregungen geben möchte, wie wir uns in körperlicher, seelischer und geistiger Hinsicht erweitern können.

* „Die Herzmittelstellung und die Standposition im Leben", Initiatorische Schulung, Band 1
** „Die Seelsorge für die Verstorbenen", Initiatorische Schulung, Band 5

Schlusswort

Abschließend möchte ich noch einmal zusammenfassen, dass wir dringend eine Erziehung brauchen. Es würde aber meiner Auffassung nach nicht reichen, wenn wir den Kindern nur Regeln auferlegen oder nur Grenzen setzen, es würde auch nicht ausreichen, wenn wir den Kindern nur etwas bieten wollten, es ihnen recht machen wollten, sondern Erziehung ist meiner Auffassung nach eine sehr weitreichende, schöpferische und schöne Tätigkeit, die der Mensch durch seine ganze Person entfalten kann. Sie ist eine entwicklungsfreudige, künstlerische und schöpferische Tätigkeit des ganzen Menschen. Aufgrund dessen brauchen wir Mut zu eigenen Entscheidungen, Mut zur Gestaltung der Verhältnisse und wir brauchen auch Mut, Inhalte ins Leben hineinzuführen, sodass wir uns nicht nur inhaltslos begegnen, wenn wir mit Menschen zusammenkommen. Wir brauchen Mut, uns frei zu machen von fremden Autoritäten, die uns sagen, was richtig und was falsch ist, und wir brauchen Mut, selbst unsere Werte zu entwickeln und unsere Ideale vertreten zu können. Deswegen würde ich sagen, wir brauchen Mut zur Erziehung.

Literaturempfehlungen

Erziehung und Selbsterziehung

Die Seele als schöpferisches Geheimnis der werdenden Persönlichkeit

Heinz Grill stellt in diesem Buch keine neue Erziehungsmethode vor, sondern stellt den Erzieher mit seiner Vorbildfunktion und seiner natürlichen Autorität, die sich aus Ausstrahlung, Persönlichkeit und Fachkunde ergibt, in den Mittelpunkt der Ausführungen. Weiterhin beschreibt er die ersten drei Lebensjahrsiebte, die einen Einblick in die Seelenentwicklung der Kinder geben.

152 Seiten, 4 Zeichnungen,
2. Auflage, kartoniert
ISBN 978-3-935925-66-2 / € 12,70

Wie wirken die Medien auf Kinder und Jugendliche?

Der Autor geht in dieser Broschüre auf das Thema der Wirkungsweise der Medien auf unser Denken, unser Fühlen und unsere Willenskraft ein, sowie auf die verschiedenen Entwicklungsepochen des Kindes und beschreibt, wie speziell das Fernsehen in diesen Lebensabschnitten auf die Kinder wirkt.

28 Seiten, Broschüre
ISBN 978-3-941995-91-8 / € 5,–

Die Signaturen der Planeten und die seelisch-geistige Entwicklung in der Pädagogik

Unterrichtsbeispiele des Herausgebers Günther Pauli

Aus einem esoterischen Hintergrund heraus hat der Autor Gedanken entwickelt, die bis in die praktische und soziale Anwendung, insbesondere der Unterrichtsgestaltung, hineinreichen. Zahlreiche Randnoten, Fotos und Zeichnungen, vor allem in Bezug zu den Signaturen der Planeten, sowie Unterrichtsbeispiele von Günther Pauli ergänzen die Studienlektüre.

286 Seiten, 117 Zeichnungen, 42 Fotos,
1. Auflage 2012, Hardcover
ISBN 978-3-935925-38-9 / € 33,–